छठवीं से बारहवीं तक

(कविता-संग्रह)

अनिल पटेरिया

Made with ♥ on the Notion Press Platform
www.notionpress.com

मेरे स्कूल की उस धूल और घास को समर्पित जहाँ बैठकर एक छोटा सा बच्चा साहित्य से प्रेम कर बैठा !

क्रम-सूची

क्रम-सूची

क्रम-सूची

क्रम-सूची

मुक्तक

भूमिका

हैलो प्रिय पाठक,

यह कविता संग्रह तक पहुँचने के लिए शुक्रिया, किताबों का अपना संसार है और आप पाठकगण ही उस संसार को जीवित रखते हैं! आपको साधुवाद !!

बहुत ज्यादा न लिखते हुए, मैं सीधे मुद्दे पर आता हूँ !! यह किताब मैंने अपनी सारी कविताएं जो मैंने क्लास छठवीं से लिखना शुरू किया था और बारहवीं तक लिखा उनको क्रमवार तरीके से संकलित कर तैयार किया है ।

आप इस कविता संग्रह मे अगर एक बच्चे के नजरिए को, किशोर की भावनाओं और संवेदनाओं को और विद्यार्थी के शाब्दिक खेल को खोजने की कोशिश करेंगे तो मेरा वादा है आपसे आपको बहुत कुछ मिलेगा जो हो सकता है मेरे स्वयं की नज़रों से भी छूट गया हो ।

परंतु आपसे गुजारिश है कि अगर आप यह कविता संग्रह काव्य शैली और समीक्षा की दृष्टि से पढ़ना शुरू कर रहे हैं तो मत पढिए !

शुक्रिया !!

-

अनिल

1. प्रकृति है सौंदर्य

प्रकृति है अद्भुत,
इसकी महिमा किसने जानी
पहाड़ हैं नदियां हैं
और बहता है उनमें पानी
जहां है अंबर इसका नीला
दिख रहा है खेत पीला
पंछी उड़ते उन्मुक्त गगन में
फसलें हैं लहराती ।
वृक्षों की शोभा तो देखो
कितनी मधुर हवा बहाती ।

2. हल्की घुटन

बंद कमरे में घुटन होती है
बाहर मानवता सोती है
कब जागेगी इंसानियत
अपने किए पर
मानवता रोती है
आंसू भी गरम खूं
फिर भी नहीं रेंगती जूं
अभी भी जिंदादिली
आबाद होने के सपने संजोती है
वक्त की दखल से
सपने जाग सकते हैं
संभल जाए इंसान
तो गम के अंधेरे भाग सकते हैं
भगाने अंधेरे आज जलानी ज्योति है
प्रज्जवल हो दीप जगमगाएं अगर
फिर मिल जाए बिछड़ी डगर
तो थका राही फिर बढ़ सकेगा
और एक नया सवेरा जगेगा ।।

3. नेता जी सलामत

सांसों में है काली हवा

घर में है खाली तवा

आतंक एक तो राजनीति है सवा ,

राजनीति है सवा

तो भ्रष्टाचार तुरंत है

आम आदमी पिसे सरकारी चक्की

आटे का अंत है

आटे का अंत, गरीबी खुश

सरकारी पहिया चलाने

करो हाथ गरम, लगाओ पैसे का पुश

लगे पैसे का पुश , नेताजी सलामत

भूखे मरे आदमी, देश गिरवी की आमद

देश गिरवी की आमद, फिर भी नेता जी खुश औ सलामत

जनता मरने की आमद..!!

4. नाविक व सरिता

शांत गतिमय क्रांति कविता
बहती जिसमे एक सरिता
चल रहा है एक नाविक
राह का पता नहीं है
जैसे वक्त में ढल रहे मनुज को
वक्त से कोई खता नहीं है
आगे जैसे ही बढ़ेगा
मौन व्रत को ताजेगा
कहर ढाएगा , खुशियां लाएगा
फिर एक अथाह सागर में
जीव समा जाएगा .

5. तेरी आवाज क्यों जड़ रही ?

मानव का खट कर्म यही दानवता है
फैली है जो आग, संस्कृति जल रही
राख उसकी फिर एक अजूबा गढ़ रही !
कट रहे वृक्ष कर्तव्य के
उनकी ठनक आज कानों में पड़ रही
कराह ! उठा तन मन
फिर तेरी आवाज क्यों जड़ रही ?
इंसानियत जिंदा नहीं,
उसके पसली पंजर को हैवानियत जकड़ रही
धिक्कार उठा जन जन
फिर तेरी आवाज क्यों जड़ रही ?
धर्म और ईमान का जनाजा निकला
इनकी लाश आज
अय्याशी के कड़ाहे में सड़ रही
आत्मा से हो गई अनबन
फिर तेरी आवाज क्यों जड़ रही?
वासनाओं ने घेरा मनुज को
मनुज ने पुकारा मनुज को
किन्तु आर्त चीख आज
काली घटाओं में यण रही

ईश ने दुत्कार दी
फिर तेरी आवाज क्यों जड़ रही ?
नन्हे हाथों में थामी तलवार आज
मर्यादाएं टूटी गिरी भयावह एक गाज
मानवता आज उल्टी गिनती पढ़ रही
रे शांतिदूत !!
फिर तेरी आवाज क्यों जड़ रही ?
क्यों जड़ रही तेरी आवाज अभी तक
तुझे एक नया अलख़ जगाना है
इस काल रात्रि को तुझको ,
मानवता से दूर भगाना है ।
तुझे करना है यह सब...
फिर तेरी आवाज क्यों जड़ रही ?

दूसरा भाग..

आवाज उठा आवाज गिरा
पापी सर से तू ताज गिरा
अंधे धरम का नाज़ गिरा
आर्त ध्वनि के साज़ गिरा
आवाज उठा आवाज गिरा
तब घड़ा पाप का फूटेगा
जब ईश मनुज से रूठेगा
फिर पाप-पाप से टूटेगा
तू उसी टूट से बांध गिरा
आवाज़ उठा आवाज़ गिरा
जब हीरे में काल जड़ा होगा

तब कोने में जाल पड़ा होगा
और बाणों से बाण लड़ा होगा
तू उसी तीर से बाज गिरा
आवाज उठा आवाज़ गिरा

जब काले बादल छाएंगे
खुद अपने राह रुकाएंगे
सम्मुख मर्यादा पत्थर आएंगे
तू ऐसी झूठी लाज गिरा
आवाज उठा आवाज़ गिरा ।

6. नव वर्ष

नया साल आया
खुशियों की बारिश लाया
सारे गुल खिल गए
और नया मौसम आया
नई सुहानी लहर चली
ठंडक भीनी खुशबू लिए
एक सुंदर सा पल आया
आई है सर्द हवाएं लेकर
कुछ ठिठुरन और सुख शांति संदेश
साला आया पहन खुशी समृद्धि का वेश
बीते पलों को भुलाकर
कुछ लम्हें खुशी के लाया
नया साल आया ।।

7. उठो जागो

डूब चुके जो बंडल
आज उन्हें उठाना होगा
अपना खून बहाना होगा
पर्दे डाले सदियों ने जिन पर
उनको आज उठाना होगा
अपना खून बहाना होगा।
फैला जो अंधेरा जग में
अज्ञान फैला पग पग में
ज्ञान का अलख जगाना होगा
अपना खून बहाना होगा।
भूल चुके जो खुद को
अब उन्हें हमें बताना होगा
अपना खून बहाना होगा।

8. कविता क्या है?

कविता क्या है?
एक अधूरी उड़ान
अलौकिक परों से घूमे
सारा जहान,
थोड़ा मिर्च मसाला डालकर
क्यों करें?
हम इसका स्वाद
बेस्वाद !
इससे मानवता हो सकती है
सुखी या लहूलुहान !
इससे मिल सकती है शांति या
मन घमासान !
परंतु कविता फिर भी है
एक अधूरी कल्पनाओं की उड़ान !

9. वही इंसान है !

दूजों के दुख को समझे , वही इंसान है,
वरना वह पशु निरा ! और हैवान है।
ढेर सारी खुशियां ला दे,
तन मन हो जिसके सादे ,
टूटे ना जिसके वादे , वही इंसान है ।
दूजों के दुख को समझे , वही इंसान है ।
पक्के हो जो इरादे ,
फौलादों को यूं हिला दे ,
अपनों को खो कर जो बचा ले जहान है ।
दूजों के दुख को समझे , वही इंसान है ।

10. नया साल

मुबारक हो , मुबारक हो..
खुशहाल दिल से नया साल मुबारक हो !
ये खुशियों के हैं पल ,
मत सोचो यारों कैसा होगा कल !
थोड़ी खुशी है , थोड़ा गम
जिंदगी भी कितनी कम !
क्लेश सारे मिट गए ,
दुखांत सागर पट गए ।
राका अब है इक जगी ,
मस्ती थोड़ा कर अभी !
मार्तंड सा चमकेंगे हम ,
हम नहीं हैं किसी से कम !

11. आसमां में लाली

पंछी गए चहक-चहक ,

दुनिया गई महक-महक ,

बयार चली बहक-बहक ,

बीती रात भयावह काली ,

हुआ सवेरा छाई आसमां में लाली ।

चली हल्की भीनी लहर-लहर ,

दूर हुआ अंधकार ए कहर-कहर ,

प्यारा हुआ गांव-गांव-शहर-शहर ,

छाई खुशी ऐसी जो न जाए किसी से टाली ,

हुआ सवेरा छाई आसमां में लाली ।

गूंजी आवाज़ें प्यारी-प्यारी ,

खिल उठी प्रकृति सारी-सारी,

चुन रहीं तितलियां रस बारी-बारी ,

मन हुआ दुखों से खाली ,

हुआ सवेरा छाई आसमां में लाली ।

12. जशन-ए-बर्बादी

मुझे बर्बाद करने की रणभेरी बजाई
यह क्या हुआ जो जिंदगी की अर्थी सजाई
जश्ने बर्बादी में शरीक होंगे अपने
लुट जाएंगे हम , टूटेंगे सपने
कोई सहारा ना बचा हम ऐसे फंसे हैं
मेरी बर्बादी में देखो अपने ही हंसे हैं
जीते जी हमारा जनाजा निकाल दिया
हमारे विचारों को रौंदा हमें मुर्दा बना दिया
लड़ रहे खुद ही से हम जीत कहां होगी
हमारे लिए दुनिया में वो प्रीत कहां होगी
आज इस बर्बाद को सहारा चाहिए
डूब रही कश्ती को किनारा चाहिए
निकालो हमें शमशान से दो प्रीत पानी विचारों को
मिटा दो घृणित मजारों को
आग लगा दो औजारों को, जो जुल्म ढा रहे
मिटा दो उन्हें जो अपनों को डुबा रहे ,
बजा दो प्रीत की शहनाई !

13. गुस्सा

गुस्सा क्या है ?
एक बदनसीब नाराजगी या
कल्पवृक्ष के टूटन का दुख
या फिर कांच में पड़ी दरार
जो छीन लेगी सारा सुख
इंसानियत का यह कोई गुण नहीं
पर हैवानियत की दास्तां है
बस यही , खिले फूल की बर्बादी और
अपनों की कलह भरी जुबां है
यह उलझे हुए की उलझन
अपनों की ठुकराहट भरी ठनक
दर्द भरे पैगाम की
सरसराहट की नहीं कोई भनक
गूंजती है बर्बादी उसके हर किस्से में
बस यही राज छुपा होता है गुस्से में ।

14. जटाशंकर

खुदा की ये रहमत, खुशनुमा मौसम
हल्की भीनी लहर, एक सुंदर झोंका
यह सब संभव है
प्रकृति की गोद में ।
आत्मशांति, मन:सुख , श्रद्धा और मस्ती
यह उपस्थित है
जटाशंकर के आमोद प्रमोद में ।
आते जाते लोग
मुस्कुराते चेहरे
एक अंदरूनी खुशी
यह हो सकता है
परमात्मा की गोद में ।

15. आत्म-रुदन

पागल कहेगी ये दुनिया अगर एकांत न मिला
मेरी बदनसीबी होगी तुम्हारी गलतियों का गिला
ए खुदा क्या किया मैंने ऐसा जो मिला ये सिला
खुद को संभाल नहीं पा रहा हूं मैं
एक अंधेरे गर्त में जा रहा हूं मैं
बियाबान रात है जीवन में अब
पता नहीं नैय्या पलट जाएगी कब
हो रहा हूं क्षीर्ण पल पल में
गुम हो रहे मां-बाप के सपने
मैं जा रहा हूं एक अंधकार एकल में
पता नहीं जिंदगी को क्या हो रहा है
क्यों आखिर मेरा सब कुछ खो रहा है
कैसे कहूं खुशियों की फाग खिल गई
मां-बाप के सपनों को आग मिल गई
मां बाप की जरूरत है आज इसे
मैं अपना और बेगाना कहूं किसे
यहां पर सभी अपने में खोए हैं
हम हैं कि बस एकदम से रोए हैं..
बस मिला यही मेरी बंदगी का सिला
हंसी की जग ने, लेने अश्क मुझे कोई न मिला
देखता हूं मैं यहां बदहाल इंसानियत का है
शासन, जलाल हैवानियत का है

कहने वाला तो यह बदनसीब अनिल है
पर यह तो दुनिया को बदलता सलिल है ।

16. समां बदलेगा

बदलेगा समां ये भी ,
बदलेगा जमाना सारा !
बदलेगी रुख अपना
ये बढ़ती हुई धारा
जब रूठेगा जमाना ये
टूटेंगे सितारे भी
टूटे सितारों को
ढूंढेगा जमाना सारा ।
बदलेगा समां ....
(पर क्या कभी टूटा सितारा मिलता है - खैर मिल भी गया
तो)
ढूंढ़ रहा जो ये
रंगीन सितारे को
रंग वही सितारे का
न आयेगा दोबारा ।
बदलेगा समां ....
(दलित समाज सदियों से टूटे पड़े सितारों की तरह ही तो
है)
सदियों से पड़े हैं जो
टुकड़े सितारों के
भूल चुके रंग अपना
संगीन बहारों के

बदलें बहारें तो
हो जाय अमर नारा ।
बदेलगा समां...

17. कलम का दायरा

जब कलम ने चलना सीखा
तब से ही मचलना सीखा
सदियों पहले जब चली थी
शाही-कुर्सियां हिली थी
आज जब भी चल जाए
शासन पूरा हिल जाए
यह जब भी फिरती है
गाज तब तब गिरती है
जब भी हो इसका रिप्ले
नेताओं की जमीन फिसले
सत्य कहने से ना डर है
तूफानों सा कहर है
जब कभी भी मंद हो
नेताजी स्वच्छंद हों
जब कभी भी तरस खाए
आंसू जब तब बरस जाए
मेरी गुजारिश है अनिल
यह यूं ही चलती रहे
जान नई यूं ही मिलती रहे ।

18. नक्सलवाद :हम और कहर

आए दिन
खून के छींटे
ममता की दीवारों पर
अमन के गलियारों पर
अपनों ने बहाए
खुद अश्क अपनों के
अपनों ने मिटाए
खुद नक्श अपनों के
सियासत के खेलों में
इन दिखावटी मेलों में
धूल - धूसर हो रहे
परिवेश अपनों के
स्वदेश अपनों के ।

19. हिंदी की फ़िज़ा

हाथों में पहनी चूड़ियां,

तो कैसे टूटेंगी रूढ़ियां !

जब पैरों में घुंघरू लिए सजा ,

अब पूछते हो ,' हिंदी की कैसी हो फ़िज़ा ?'

हिंदी तो बैठी रोएगी

आज नहीं तो कल

नींद मौत की सोएगी ।

चूड़ियों की खनक से

घुंघरू की छनक से

हम रूढ़ियों को तोड़ेंगे

हवाओं का रुख भी मोड़ेंगे

मात्र डींगों से काम नहीं चलेगा

बिना बिजली के बल्ब भला कैसे जलेगा !

मिट्टी के तेल की बात मत करना मेरे यार

क्योंकि वह तो आज है कल चल बसेगा ।।

20. उनकी हक़ीक़त

कैसे बयां करें हम
उनकी हकीकत को
बयां होते ही
नकाब उतर जाएगा
सिला तो मिलेगा अनिल
साथ ही
शबाब उतर जाएगा
नकाब में जो चेहरा है
चंद झूठों का ही पहरा है
शेष कालिख जो है उनके पीछे
उसका राज गहरा है ।
हर गहरे राज का इक तमाशा है
जिंदगी में उसे देखने की आशा है
राज खुलते ही
नवाब सड़क पे आ जाएगा
जब नक़ाब उतर जाएगा ।

21. झूठी चमक

मक्खियां ट्यूब लाइट को
दिन का प्रकाश समझ बैठी
झूठी चमक दमक से
बनावटी महक से
आत्मक्रंदन को
चहक समझ बैठी
मकड़ी के जाले में फंसकर
काले प्याले को डंसकर
बिना मय के ही
वे बहक बैठी
कालरात्रि का उतना असर न था
मगर भोर के प्रकाश
में दहक बैठी ।

22. टूटा परिंदा

एक टूटा परिंदा आसमान से
कब तक चुप रह पाएगा ?
यह मीठा जहर ही तो है
इसको कब तक...
आखिर ! कब तक !
सह पाएगा ?
आज न सही
पर कल तो
बगावत होगी ही ,
तब ..
उस हालत में तू
हां तू , क्या कह पाएगा ?
अभी इस चमन में
वीरानियां ही सही
पर बहारों के मौसम में
तू , जी हां तू
कहां शह पाएगा ?
अभी बसंती हवा
आई ही कहां है !
आ गई तो , तू
फिर तू
कब तक बह पाएगा ??

23. आधुनिकीकरण

ये आधुनिकीकरण सब कुछ निगल गया
मुस्कुराता चेहरा
शोले में बदल गया
जहां गुमटियां सजती थीं
वहां मॉल खड़े हैं
उस सुंदरता को ,
कचरे के ढेर में बदल गया ।
ये आधुनिकीकरण सब कुछ निगल गया ।
इस डिस्को की दुनिया में
वो ग़ज़ल का शगल गया
अपनापन गया इस जहां से
बेगानापन उगल गया
ये आधुनिकीकरण सब कुछ निगल गया ।
हमें उनसे गिला शिकवा नहीं
जो ढल गया
बस दुख हैं
सदियों का संग्रह जल गया ।
हो सके तो
जले पन्ने बचा लेना
उस अतीत रीत के
क्योंकि इसे देखकर तो
पत्थर भी गल गया ।

ये आधुनिकीकरण सब कुछ निगल गया ।।

ये आधुनिकीकरण सब कुछ निगल गया ।।

24. दास्तां-ए-मुजरिम

कोई पैदाइशी मुजरिम नहीं होता
कोई पैदाइशी जालिम नहीं होता
पैदाइशी होता है-
एक नन्हा सा, इस दुनिया से अनजान
कोमल मन और तन वाला इंसान
सिहर उठता है वो छोटी सी चीख से
बेखबर होता है दुनियां की मीनमीख से
पर जैसे जैसे बड़ा होता है -
बड़ा होता है उदर और बुझती नहीं पेट की आग
उसी पर अमीर की झिड़की कहती है चल इस दुनिया से
भाग
ठोकर खाते खाते वह बन जाता है गली का पत्थर
फिर भी नहीं पूछता खुदा से वह अपना मुकद्दर
नहीं बचते चीथड़े तन पर नहीं बचता मकान
तब गिरवी रखनी पड़ती है उसे भावनाओं की दुकान
तब हम कहने लगते हैं उसे हैवान
हमारी ठुकराहट ही बना देती है उसे शैतान
कुछ कहते हैं हम बंदूक से ही उन्हें मिटा देंगे
पर यह सच नहीं ,
एक के बाद सौ और बंदूक उठा लेंगे
हां गर ताकत है तुम में तो -
उनके उजड़े चमन में बहारें लाओ तो

उनके अंदर सोया हुआ इंसान जगाओ तो
क्या उजड़े दायर में बहारें आती नहीं हैं !
क्या रोती हुई बच्चियां मुस्कुराती नहीं हैं !!

25. भटके हुए राही

अंधेरे में भटके हुए राही हैं वह
राहों में अटके हुए राही हैं वह
स्वयं की गलतियों पे मुस्कुरा रहे जो
अंदर से चटके हुए राही हैं वह
बिना सिर पैर के जीभ दौड़ती है उनकी
अपने ही जिगर में खटके हुए राही हैं वह
दूर से ही सत्य का अंदाज़ा से लगा रहे जो
खुद ही के द्वारा पटके हुए राही हैं वह
आपसी संबंध को जिन्होंने बेमेल किया है
कुछ ज्यादा ही भटके हुए राही हैं वह
दीपक के बुझने की आशा न थी अनिल
अब तो गैरों को खटके हुए राही हैं वह
या खुदा ! उनको सद्बुद्धि देना
डगर के भटके हुए राही हैं वह.

26. यह क्या किया?

आज तुमने यह क्या किया ?
दूसरों को कुछ नया दिया !
पर दुख है इस नयेपन में
तुमने आरोपी को ही दोषी बना दिया ।
किया , बहुत किया , फिर नया वाद किया ।
हिंसा से डरता था जो
सहन सबकुछ करता था जो
दिया , बहुत दिया ,उसकी सोच में नक्सलवाद दिया ।
पुलिस के डंडे ने
इस स्वर्थपने के फंडे ने ,
बच्चो को
दिया , अब हरदम संडे ही संडे दिया !

27. नई उमंग

चारों ओर मची हाहाकार मिटाने को !

आज पथ पर बढ़ चले हैं राही नया वसंत फिर लाने को !

इत्तेफाक में इन राहों में कोई कांटा ना आए

हम तो आगे हो लिए हैं अपना सिर कटाने को !

मेरी तमन्ना है यह चमन फिर मुस्कुराए

हम तो आगे ही बढ़े हैं ऋतु बाहर फैलाने को !

जहां धड़ल्ले से संस्कार जा रहे जलाए

आग लगा दो ऐसे मयखाने को !

जहां महफूज़ खुद ईमान न पाए

मिटा दो ऐसे थाने को !

जहां खुद खुदा ख़ून बहाए

उड़ा दो ऐसे इबादतखाने को !

जिसे सुनकर दुनिया अन्याय के खिलाफ हो जाए

कवि सना किसी ऐसे तराने को !

28. बचपन के गीत

आज मन ललकारता है
तुझको पुकारता है
तेरी इस मिट्टी में
काले पत्थर की गिट्टी में
हमने लिखे बचपन के गीत
तू रूठ न जाना मेरे प्रीत
तुझको मिटाया
मिटाकर , फिर से बनाया
प्यारा वो घरौंदा
किसका मीत..
तू रूठ गया न मेरे गीत !!

29. दिखावा मिलता है

इस कातिल दुनिया में , बहुत छलावा मिलता है ।
सादा दिल है नहीं कहीं , हर जगह दिखावा मिलता है ।
दर दर ठोकर खाते रहते , सदा चलने वाले राही हैं ।
भरा हुआ है कालिख से , हर मोटा आज सुराही है ।
अब जलज भी रूठा है हमसे , वो कीचड़ में नहीं खिलता
है ।
सादा दिल है नहीं कहीं , हर जगह दिखावा मिलता है ।।
रोटी को मुंह से छीना है , कपड़े तन से भी छीन लिए ।
यह अच्छा नहीं किया साहिब , सब सुख हमारे बीन लिए
।
इन फटे हुए से जख्मों को , अब ईश्वर भी नहीं सिलता है
।
सादा दिल है नहीं कहीं , हर जगह दिखावा मिलता है ।।

30. ये ज़माना कैसा ?

रूठा हुआ हमसे ये जमाना कैसा ?
रूठकर मनाना भी मनाना कैसा ?
ठोकर देकर गिराया है आईना ,
गिराकर उठाना भी उठाना कैसा ?
अश्क दिए आंख में मेरे साहिब
रुलाकर हंसाना भी हंसाना कैसा ?
अपनों ने उजाड़ा है सविस्ता मेरा
उजाड़कर बसाना भी बसाना कैसा ?
गमों को पीकर गाया है हमने गीत
बेमन से गाना भी गाना कैसा ?
लुटा है बहुत इस जमाने ने अनिल
आखिर ये जमाना भी है जमाना कैसा ?

31. बख़शने की जरूरत क्या है ?

उन्हें समझाने की जरूरत क्या है ?

नई भोर दिखाने की जरूरत क्या है ?

जब वो अपनों पर ही बरसाते हैं गोलियां

तो उन्हें प्यार से बताने की जरूरत क्या है ?

जब वो ही देखते हैं जलती निगाह से

तो उनसे नजरें मिलाने की जरूरत क्या है ?

जब दी है ठोकरें उन्होंने ही दर ब दर

तो अब उनसे प्यार जताने की जरूरत क्या है ?

जब जन्म से सहते आए हैं हर इक जख्म

तो इस जख्म पर मरहम लगाने की जरूरत क्या है ?

जब अपने ही मिटा रहे हैं अपना ये साविस्ता

तो उन्हें अपना बनाने की जरूरत क्या है ?

रोते हुए चमन को भी नहीं बख़शा है अनिल

तो अब उन्हें बख़शने की जरूरत क्या है ?

32. क्यों सीखा ?

ग़ज़ल गढ़कर मिटाना क्यों सीखा ?
अपना बनाकर डुबाना क्यों सीखा ?
लोगों के लिए शम्मअ जलाना तो ठीक था ,
उसी शम्मअ से घर जलाना क्यों सीखा ?
हाथ पकड़कर उठाना तो ठीक था ,
पर पैर पकड़कर गिराना क्यों सीखा ?
दूसरों को खुद पे हंसाना तो ठीक था ,
पर नैनों में अश्क दे के रुलाना क्यों सीखा ?
दुनियाभर की किताबों को पढ़ना तो ठीक था ,
पर नफ़रत की इबारत पढ़ाना क्यों सीखा ?
अनिल , रोटी के लिए लड़ना तो ठीक ही था ,
पर रोटी के लिए खून बहाना क्यों सीखा ?

33. इस अंधी दौड़ में

आज फैशन का दौर है।

सभी का सब बदलने पर गौर है।

बदला हुआ आज सब जमाना है।

बीता हुआ गांव का तराना है।

इस अंधी दुनिया में, अंधों की ही शान है।

इस अंधी दौड़ में इंसान बना भगवान है।

शहर आज शहर, गांव बेहाल है।

अमीर और अमीर, गरीब फटे हाल है।

कुकर्मी,दुराचारी,भ्रष्टाचारी और अमीरों को छूट है।

ईमानदार की तो आज बस लूट ही लूट है।

बच्चा दबा बोझ से किताबों की भरमार है ।

दिल्ली जैसे केसों से देश शर्मशार है।

फ़िर से न हों केस खुदा, बस यही दुआ है।

वरना अनिल जिंदगी तो एक खेल है जुआ है।

34. जिंदगी का कोई ठौर ठिकाना नहीं है

जिंदगी का कोई ठौर ठिकाना नहीं है ।

जीने के लिए सरल कोई दौर जमाना नहीं है ।

जी रहे हैं जिन्दगी आशाओं के नाम पर

वरना जिन्दगी जीने का कोई और बहाना नहीं है।

ग़म व खुशी दोनों है इस जिंदगी में

खुशी ही खुशी हो ऐसा कोई और तराना नहीं है।

हंसना और गाना है इस तर्ज में चार दिन

कि इसके बाद जिंदगी में कभी गाना नहीं है ।

रम गए हैं तेरी चौखट पे ओ खुदा

अब तो कहीं और आना जाना नहीं है ।

खुशियां मिलें तुमको और खुश रहो ताउम्र

हमारा क्या हम तो गैर हैं खुशियों से नहाना नहीं है।

फरहत मिले मुल्क में ऊंचाइयां मिलें अनिल

हमें तो किसी को सहारा देके गिराना नहीं है ।

35. उन आंखों में

उन चेहरों में एक चमक सी है ।
उन आंखों में एक दमक सी है ।
हम उनकी हौसला अफजाई क्या करें,
उन कदमों में मंजिल पाने की एक सनक सी है।
उन्हें कठिनाइयों से डर नहीं लगता,
शायद उन कानों को ऊंचाइयों की भनक सी है ।
मेरे अरमां बहुत ऊंचे नहीं है अनिल ,
पर उनके अरमानों की चमक कनक सी है ।
नाचता नहीं है मन दिनों रात अब
पर उनकी बातों में घुंघरुओं की छमक सी है ।
वो सुनते ही कहां हैं मेरी बातों को अनिल
उनके लिए तो मेरी बातें नमक सी हैं ।

36. पढ़ लेना अच्छा है

यारों पढ़ लेना अच्छा है ।
दुख में गढ़ लेना अच्छा है।
जो हमेशा टूटा करती हैं
ऐसी तस्वीरों को मढ़ लेना अच्छा है ।
पहाड़ों की ऊंचाइयां कम नहीं होती
उन पर चढ़ लेना अच्छा है ।
हीरे सर्वत्र नहीं मिलते साहिब
उनको गहनों में जड़ लेना अच्छा है।
दूज़ों की खुशियों के लिए
फूलों की तरह झड़ लेना अच्छा है ।
राहें हमेशा नहीं मिला करती मंज़िल तक
नई राहों को पढ़ लेना अच्छा है।
पुराने सपने अक्सर टूट जाते हैं अनिल
नए सपनों को गढ़ लेना अच्छा है ।

37. हम कहते हैं

हम इक दिन ऊंचाइयों पर छाएंगे ।
फिर खुशियों के ढेर लगायेंगे ।
तुम कहते हो , हम टूटे हुए हैं ,
हम कहते हैं हम फिर मुस्कुराएंगे ।
तुम कहते हो आसमां पे बादल हैं
हम कहते हैं हम इन्हें जरूर हटाएंगे ।
तुम कहते हो हम गम में डूबे हुए हैं,
हम कहते हैं हम नया गीत गुनगुनाएंगे ।
तुम कहते हो गुलशन हमारे उजड़े हैं,
हम कहते हैं नई बहारें सजाएंगे ।
तुम कहते हो छुपारुस्तम है अनिल
हम कहते हैं ज़िन्दगी खुली किताब कर जाएंगे ।

38. आंखों की धूल हैं

मिट्टी ही सही, गिट्टी ही सही राहों की धूल हैं ।
किसी के लिए कांटे तो किसी के लिए फूल हैं ।
एक दर्द दिल में रह-रह कर उठता है ,
क्यों किसी के लिए किसी की आंखों में शूल हैं ।
क्यों हौसले पस्त हैं हमारे ,
और अरमां हमारे कूल हैं ।
न करना भरोसा किसी गैर पर ,
क्यों कि यही ज़िन्दगी की सबसे बड़ी भूल है ।
ज्यादा ऊंचे सपने मत संजोना ज़िन्दगी में ,
क्यों कि यह धोका है आंखों की धूल है ।
ज़िन्दगी भी इक पहेली है ,
किसी के लिए बेला तो किसी के लिए बबूल है ।
सुख दुख का मेल है ये अनिल ,
कोई भागता है इससे तो किसी को ये सहर्ष कुबूल है ।

39. हम गरीब सही

हमारे सपने सभी के जैसे नहीं हैं ।

हम जैसे दिखते हैं वैसे नहीं हैं ।

हम रईसी की बात कहां से करें ,

हम खाली हाथ हैं पैसे नहीं हैं ।

गरीब सही , मस्तमौला सही

हम सिरफिरे ही सही पर ऐसे वैसे नहीं हैं ।

दो जून की रोटी ही सही ईमानदारी की तो है ।

देखना चाहते हैं खुशहाल सभी को

हमारे नजरिए स्वर्थपने के फंडे जैसे नहीं हैं ।

न सही तन पर कपड़ा , न सिर पर छत सही ,

पर साहिब सहते रहे हैं सब , अभी तक बरसे नहीं हैं ।

हम गरीब अमीरों से अच्छे हैं अनिल

जो कभी अपनों का प्यार पाने को तरसे नहीं हैं ।

40. कुछ तो फसूं है

यार बहुत हैं सताने वाले ।
लोग बहुत हैं रुलाने वाले ।
गैर का फेंका हुआ पत्थर नहीं लगता,
यार बहुत हैं बचाने वाले ।
हमारे रंग में रूठना नहीं है ,
परिवार बहुत हैं मनाने वाले ।
बिन तेरे अल्ताफ के जी लेते हम ,
ओ एहसान करके जताने वाले ।
कुछ तो फसूं है तेरी दुआओं का ,
वरना हम कहां थे उस नूर को पाने वाले ।
तेरी यादों का हिस्सा , कल्बो जिगर में कैद है ,
तू कहां तह पाएगा दिल ए मजरूह करके जाने वाले ।
और कुछ तो कुसूर है तेरी फिज़ाओं का , अनिल
वरना हम कहां थे तेरे दर पे आने वाले ।

41. क्यूं है ?

रह रह के सताता क्यूं है !
तेरा दर्द ,मुझको बुलाता क्यूं है !
मैं न आऊंगा दोबारा यहां ,
तू मुझको रुलाता क्यूं है !
मेरी आवाज़ बनी पत्थर रोकर ,
तू उसको जगाता क्यूं है !
मैय्यत बनी ज़िन्दगी मेरी ,
तू फिर आग लगाता क्यूं है !
जब उड़ा दिए पंछी दिल के,
तू फिर उनको बसाता क्यूं हैं !
दुत्कारना ही है दर से ओ खुदा ,
तो ये विश्वास जगाता क्यूं हैं !

42. कहो कर पाओगे...

जब कुछ ना रहा इस दुनिया में
तो तुम कैसे रह पाओगे ।
सब जिंदा लाशें फिरती हैं ,
कभी चलती हैं कभी गिरती हैं ,
तुम चलती फिरती लाशों को
कहो कैसे आज जगाओगे ।
विश्वास रहा ना यारों में ,
ये कश्ती है मंझधारों में ,
तुम झोंके खाती कश्ती को
कहो कैसे पार लगाओगे ।
पथराई सबकी आंखें हैं ,
सब अपनी अपनी फांके हैं ,
इन पत्थर बनती आंखों को
कहो कैसे तुम छलकाओगे ।
सब नैनों में है आस भरी ,
मधुवनों में देखो प्यास भरी ,
तुम इन लाखों आशाओं को
कहो कब पूरा कर पाओगे !!

43. हमें जाना है

रो रो कर भी यारों क्या मुस्कुराना है ।
मैं मुतमइन हूं कि कल तुम्हें आना है ।
कह लो जो तुम्हें आज कहना है यार
हम तो मुसाफ़िर हैं कल हमें जाना है ।
मुझे पता है कि यादें कभी जाती नहीं
हमें साथ हंसते हुए चेहरे ले जाना है ।
तू रुलाता है आज जो इतना पागल
सबसे ज्यादा याद मेरी तुझे ही आना है ।

44. तो प्यार कर लिए

मजनू की रूह को अख़्तियार कर लिए ।
जब मचला न दिल किसी पे तो प्यार कर लिए ।
जब जीत न पाए दिल के देश को ,
तो फिर खुद पे ही वार कर लिए ।
जब न मिली निगाहें , न ही तड़प उठी ,
तो फिर हम दिलों का व्यापार कर लिए ।
जब तोड़ा है पग पग पे दिल सभी ने
तो फिर हम उन्हीं पे ऐतवार कर लिए ।
जब जाते नहीं है गम इस खामोश ज़िन्दगी से ,
तो फिर हरेक गम को त्यौहार कर लिए ।
जब अश्क निकले आंख से मेरी ही जीत पर ,
तो फिर उनकी खातिर जीत को भी हार कर लिए ।
गमगीन और बेजुबां रही जिन्दगी हमेशा , अनिल
तो फिर हरेक अश्क को बहार कर लिए ।

45. खुदा को पहचानते नहीं है

हमे लगता है वो खुदा को पहचानते नहीं है ।
या फिर मजहब को पहचानते नहीं है ।
जो खुदा के नाम पर खून बहाते हैं ।
या ईश्वर के नाम पर बलि चढ़ाते हैं ।
हड़पकर दूसरों की रोजी रोटी जो मंदिर बनाते हैं ।
लूटकर दूसरों की खुशी जो त्यौहार मनाते हैं ।
दिलों के भी होते हैं देश , जो मानते नहीं है ।
हमें लगता है वो खुदा को पहचानते नहीं है ।
जो भूखे को न देकर , मंदिर में दूध अर्पित करते हैं ।
या कि गरीबों से छीनकर मंदिर को धन समर्पित करते हैं
।
जो प्यार , मोहब्बत ईमान को रुपयों से मापते हैं ।
या अन्याय के ख़िलाफ़ आवाज़ उठाने से कांपते है ।
इंसान का भी होता है मजहब जो जानते नहीं है ।
हमे लगता है वो खुदा को पहचानते नहीं है ।

46. जीवन के इस महासमर में

जीवन के इस महासमर में मुझको तो मंझधार मिली ।
प्यार बांटने पर भी मुझको हर दर से दुत्कार मिली ।।
अमन , चैन , सुख चाहा था हंसता हुआ मुख चाहा था ,
दूजों को अपना समझा पर अपनों से नफ़रत की मार
मिली ।
अंधकार से खेला जग में , कांटों को झेला पग पग में ,
बस एक हंसी दिन पाने को पर मुझको तो अंधी सरकार
मिली ।
जाग रहे थे सपने मेरे , पर भाग रहे थे अपने मेरे ,
गैरों को दी बड़ी शिकस्त पर मुझको अपनों से हार मिली
।
जिसकी खातिर कष्टों को झेला , सामने पड़ी मौत से भी
खेला ,
वो फिर भी न पिघली यारों मुझको बड़ी ही जालिम यार
मिली ।
न ही कोई झुका मुझ पर , न ही कोई रुका पथ पर
यारों मज़मा जुटा नहीं पाया बस मुझको चाह भरी आंखें दो
चार मिली ।
खुशियों को लाना चाहा था जिसे हंसाना चाहा था अनिल
पर न जाने अनजाने में क्यों मुझको रोती बहार मिली ।

47. ये जमाना

ये जमाना बड़ा बेरहम हो गया है ।

नए नए फसादों का अब जनम हो गया है ।

नहीं सच्चा यहां , इस जगत में है कोई ,

हर आंख को अब यह भरम हो गया है ।

नहीं रक्षा का कोई औचित्य यहां पर

रक्षक का लूटना अब करम हो गया है ।

ईमान को रोते यहां देखा है मैंने

बेईमानी अब सबका धरम हो गया है ।

ठंडक रही न दिलों में किसी के अब

अंटार्कटिका भी तो गरम हो गया है ।

इतनी ख़लिस पाली दिलों में सभी ने क्यों ?

इसे देखकर तो पत्थर भी अब नरम हो गया है ।

रोते रोते लबों पे मुस्कुराहट रही मेरे

लोग कहते हैं अनिल बेशरम हो गया है ।

48. हमारे लिए कुर्बानी...

हमारे लिए कुर्बानी का ये किस्सा पुराना है ।

हरेक जुल्म व सितम के वाश्ते ये गुस्सा पुराना है ।

कश्मीर से कन्याकुमारी मेघालय गुजरात

हमारे देश की सांसों का ये हिस्सा पुराना है ।

हमारी वीरता इतिहास के पन्नों ने मानी है ।

कहीं मैसूर का राजा है कहीं झांसी की रानी है ।

हरेक जन्म में यही मुल्क मिले मुझको ,

इस जमीं पे लुटने की अब हमने भी ठानी है ।

जब नेहरू ने आज़ाद भारत का तिरंगा लहराया होगा ।

तब उनकी आंख में खूबसूरत गुलिस्ते का सपना आया
होगा ।

जब महात्मा ने कट्टरता की गोली खाई ,

उस पल स्वप्निल बागवां भी मुरझाया होगा ।

और आज भी ये तिरंगा शर्मशार होता रहता है ।

कई बार ये अपना भी अधिकार खोता रहता है ।

और किसी के दिल से आह तक नहीं निकलती ,

बेचारा कवि दुख से लाचार रोता रहता है ।

अधिकारी सरकारी पहिया चलता रिश्वत से ।

किसान भी रोता है अपनी फूटी किस्मत से ।

जब झेल न पाता कष्ट तो सल्फास खा जाता ,

हम और आप बस देखते हैं होकर विस्मित से ।

छोटे नन्हे बच्चे देखो भूखों ठंड में मर जाते हैं ।

बैठे बैठे अय्याशी नेता प्लान बनाते रह जाते है ।

हम सड़कों पे लुटती आबरू तो बचा नहीं पाते ,

बस बैठे बैठे हम नियम कायदे कानून बनाते जाते हैं ।

चंद वोटों की खातिर दंगे करवाए जाते हैं ।

चंद नोटों की खातिर लोग भी मरवाए जाते हैं ।

और अमीरों को खुश करने के लिए साहब

गरीबों की झोपड़ पट्टी पे बुल्डोजर चलवाए जाते हैं ।

जंगलों और नदियों में भी गोलियां बरसती है ।

एक हंसी सपने को हर आंख तरसती है ।

भीख में भी नहीं जुड़ते दो दाने खाने को ,

बेबस हो सोने की चिड़िया खूब सिसकती है ।

क्या इसी देश की खातिर कई भगत फांसी पर झूले थे ?

क्या इसी देश की खातिर कई आज़ाद मौत से खेले थे ?

कई वीर शहीद हुए क्या इसी देश की खातिर ?

क्या इसी देश की खातिर महात्मा इतने कष्टों को झेले थे

?

जब फिरंगियों ने साजिश कर हमको हमसे बांटा था ।

हरेक आंख में आंसू थे और दिल को चुभा एक कांटा था ।

जब हमने आपस में मिलकर खून की होली खेली थी ,

तब मानवता और मजहब पर पड़ा जोर का चांटा था ।

हमारा सपना चूर हुआ पर तुमपे नजर हमारी है ।

महफ़ूज़ रखना सर जमीं को ये जान से भी प्यारी है ।

कायम रखना अमन चमन में ,

तुम युवा हो , गति देना इस वतन को , तुमसे आस
हमारी है ।

भगत सिंह आज़ाद महात्मा का ये नारा है ।

हिंदोस्ता ही वसुंधरा पर सबसे प्यारा है ।

और तिलक ने भी देखो यही बात दोहराई ,
आजादी ही जन्मसिद्ध अधिकार हमारा है ।
हम युवा इस बा में आंनद भरेंगे ।
इस वतन के वास्ते सफल छंद गढ़ेंगे ।
इस तिरंगे और गुलिश्ते की खातिर ,
हम भगत , सुभाष और विवेकानंद बनेंगे ।

49. बापू

बापू आपकी शहादत को सार्थक बनाएंगे ।
अमन व चैन का अब हर जगह तिरंगा लहराएंगे ।
जिसके कारण आपको होना पड़ा शहीद ,
उस कट्टरता को हम जड़ से मिटाएंगे ।
ऋषि मुनियों और मनीषियों की संतान हैं हम ,
सर्वे भवन्तु सुखिन यह दुनिया को पढ़ायेंगे ।
आपने देखा था जो स्वराज का सपना ,
हम संकल्प सहित उस सपने को आगे बढ़ाएंगे ।
आपकी मृत्यु पर जो रोया था लोकतंत्र ,
अब हम उसे फिर से हंसाएंगे ।
आलस कभी बाजुओं में रहा नहीं है ,
कर्मों से अब यह दुनियां को दिखाएंगे ।
अमन चैन व प्यार में सब कुछ लुटा दिया ,
प्रेम से जीना अब जमाने को सिखाएंगे ।
बापू तेरे पीछे चला है जमाना सारा ,
हम भी तेरी राह पर नई इबारत लिखाएंगे ।

50. मेरा दिल सच्चा है

नफ़रत से मारो मुझे , या जहर पिला दो मुझे ।
और फिर भी बच जाऊं मैं अगर तो ज़िंदा जला दो मुझे ।
अगर मेरी राख अजूबा गढ़े , नित नए अध्याय पढ़े ,
तो बिखराकर उसको जमीं पे मिट्टी में मिला दो मुझे ।
तेरा दिल तो पत्थर है , मेरा टूटा मुकद्दर है ,
गर टुकड़े देखने हो दिल के तो बारूद खिला तो मुझे ।
फिर भी मेरा विश्वास न रूठे तो , मेरी सांस न टूटे तो ,
नफ़रत की निगाहों से , खुद की नज़रों में गिरा दो मुझे ।
तुम्हें रिश्तों में सजाया है , फरिश्तों से मंगाया है ,
तुम चाहो तो नफ़रत करो , पर मेरी चाहत का सिला दो
मुझे ।
न तुमसे खफा हूं मैं , न ही बेवफा हूं मैं ,
क्यों नफ़रत है इतनी , बस इक बार बता दो मुझे ।
मेरा दिल तो सच्चा है , रोता हुआ बच्चा है,
पर आया है तुम पर , अनिल इक बार जता दो मुझे ।

51. नव-जीवन की खातिर

जीवन के नित नए अध्याय गढ़ने पड़ेंगे ।
मुहब्बत औ' प्रेम के नए गीत पढ़ने पड़ेंगे ।
तुम लाख चाहो ऊंचाइयों से दूर रहना ,
पर अपनों की खातिर ऊंचे पहाड़ चढ़ने पड़ेंगे ।
तुम कितनी भी कोशिश करो चुपचाप रहने की ,
पर अपने अस्तित्व की खातिर रोज युद्ध लड़ने पड़ेंगे ।
तुम कितना भी चाहो हर किसी की नज़रों में गिरना ,
पर एक नजर की खातिर दिलों में जवाहर जड़ने पड़ेंगे ।
जीवन के गीत से साथ छोड़ दे संगतकार सभी ,
तो फिर नवजीवन की खातिर स्वर नए गढ़ने पड़ेंगे ।
भूकम्प कंपाएं तुमको या तूफान मचाए शोर ,
जीने की खातिर ये जीवन चित्र मढ़ने पड़ेंगे ।
फूलों से चाहे अश्क झड़ें या चांद जलाए जितना भी ,
फिर नए वसंत की खातिर अनिल पीले पात झड़ने पड़ेंगे ।

52. तुम्हें अकेला चलना होगा

चाहे रहें अभाव जितने , तुम्हें अभावों में ही पलना होगा ।

मंजिल तक की राहों में तुम्हें अकेला चलना होगा ।

अंधेरों में गांव हैं , ये बहके बहके पांव हैं ,

इन अंधेरों के वास्ते तुम्हें शम्मअ बनकर जलना होगा ।

कुछ राही प्यासे घूम रहे , कुछ रम विस्की में झूम रहे ,

इन प्यासे कंठो की खातिर बर्फ बनकर गलना होगा ।

कहीं रूखी सूखी धरती है , कहीं फसल घरों में भरती है,

इस रूखी सूखी धरती के लिए तुम्हें मेघ बनकर पिघलना होगा ।

कहीं गमों के मेले है ,कहीं सिर्फ खुशियों के ही रेले हैं ,

उनके गमों को तुम्हें चक्की बनकर दलना होगा ।

कहीं आंखों से हैं अश्क झड़े ,कहीं हजारों से हैं इश्क लड़े ,

उनके अश्कों के चांद को तुम्हें सूरज बनकर ढलना होगा ।

कहीं फैला है कहर , कहीं आबाद है शहर ,

अमन चैन के पवन को तुम्हें पंखा बनकर झलना होगा ।

उल्टी अब धार है , कहीं मिलता नहीं अब प्यार है ,

इस उल्टी धार में अनिल तुम्हें अपना रुख बदलना होगा ।

53. रोता युधिष्ठिर

यहां जिंदगी के गाने कभी न हिट गए हैं ।
प्यादे के आगे वज़ीर भी पिट गए हैं ।
यहां जीत जीत का शोर है ।
खुद अपना रखवाला ही चोर है ।
जीत के लिए अपनों को मारते हैं ।
और अंत में खुदी से हारते हैं ।
हर दिल में नफरतें बस गई हैं ।
रिश्तों में गांठें कस गई हैं ।
विश्वास नहीं खुद की परछाई पर ।
भीख नहीं मिलती रब की दुहाई पर ।
कलयुगी कौरव बहुत खुश हो रहे हैं ।
क्योंकि नए भीष्म द्रोण चुप हो रहे हैं ।
लोकतंत्र अब मज़ाक बना हुआ है ।
राजनीति में हर तरफ शराब है जुआ है ।
ईमान बचा है सिर्फ बातों में ।
रोता है युधिष्ठिर हवालातों में ।
कहने को हम सब भारतवासी हैं ।
पर आपस में लड़ते हैं पूरे कुल के ही नाशी हैं ।

54. क्यों हर बेटी अभिशापित है ?

क्यों बेटी के लिए दूध कम, बेटों के लिए भरपूर है ।

क्यों बेटों को मौजमस्ती, बेटी के लिए खुलकर हंसना भी दूर है ।

क्यों मां के रूप में फॉर्मलिटी अदा करे बेटी ,

क्यों पत्नी के रूप में गिल्टी सदा करे बेटी ,

क्यों बेटी सदा अंधेरों में , सिर्फ बेटों को ही नूर है ।

क्यों प्रेम में शकुंतला होती है बेटी ,

क्यों विरह की आग में रोती है बेटी ,

क्यों बेटी हर जगह दोषी ,और बेटा बेकसूर है ।

क्यों दहेज की आग में जलती है बेटी ,

क्यों अभावों में ही पलती है बेटी ,

क्यों बेटी हमेशा गुमनामी में , सिर्फ बेटा ही मशहूर है ।

क्यों अपने ही घर में नौकरानी है बेटी ,

क्यों सिर्फ सपनों में ही रानी है बेटी ,

क्यों बेटी रानी नहीं असलियत में , पर बेटा राजा जरूर है ।

क्यों ढेरों कॉमेंट्स सहती है बेटी ,

क्यों हरेक जुल्म पे साइलेंट रहती है बेटी ,

क्यों बेटा खुदा की रहमत , और बेटी नासूर है ।

क्यों राम की अग्नि परीक्षा में जलती वैदेही है बेटी ,

क्यों राधा कृष्ण की पत्नी नहीं सिर्फ सनेही है बेटी ,

क्यों बेटी सीता राधा एक सी , सिर्फ बेटे राम कृष्ण ही शूर हैं ।

क्यों सब कुछ अर्पित करती पन्ना धाय है बेटी ,

क्यों फिर भी सब कहते अबला और असहाय है बेटी ,

क्यों बेटा हमेशा स्वच्छंद ,सिर्फ बेटी ही मजबूर है ।

क्यों भाई की खातिर अपने अरमां कुचले बेटी ,

क्यों नाप तौल के छोटे कदम चले बेटी ,

क्यों हर बेटी अभिशापित ,सिर्फ बेटा ही गुरूर है ।

क्यों दिल्ली जैसे केसों मे निर्भया होती है बेटी ,

क्यों उड़ने के लिए बाप की दया रोती है बेटी ,

क्यों बेटे की हर ख्वाहिश पूरी ,और बेटी के लिए क्रूर हैं ।

क्यों मलाला के जैसे नफ़रत की गोली झेलती है बेटी ,

क्यों घूंघट के पीछे गम को डटकर ठेलती है बेटी ,

क्यों बेटी काला कौआ , और बेटा ही सजा मयूर है ।

क्यों कम पढ़ी लिखी ही ठीक है बेटी ,

क्यों परंपराओं और मर्यादाओं की लीक है बेटी ,

क्यों बेटी के लिए दो किताबें नहीं , बेटा मदमस्ती में चूर है ।

क्यों कोठे पे तवायफ है बेटी ,

क्यों अब भी हाय ! उफ़ ! है बेटी ,

क्यों बेटा आसरा जिंदगी का , बेटी मात्र नेंग दस्तूर है।

क्यों हर कदम कदम पे सहमी है बेटी ,

क्यों ढेर सारा बोझ ढोने वाली जर्मीं है बेटी ,

क्यों बेटा फायदेमंद , बेटी महंगा टूर है ।

कहता है अनिल इस दुनिया से बार बार ,

यदि बेटा बेटी समान ,

तो फिर क्यों हमारा समाज ही सूर है ।।

55. खूब मैं रोया

मत मारो यार हमें हम पहले से मरे हुए हैं ।
मत डराओ यार हमें हम पहले से डरे हुए हैं ।
कैसे भूलूं उन सबको जिन्होंने जख्मों पे ज़ख्म दिए हैं ,
उनके दिए जख्म अभी कल ही कल तो हरे हुए हैं ।
इतनी ठोकर खाई है हम अब तक न संभले हैं ,
मत और ठोकरें दो हमें हम पहले से गिरे हुए हैं ।
अश्क आंखों से रुकते नहीं हैं उनको याद करके ,
उनके कारण हम अभी तक कांटों में घिरे हुए हैं ।
वो मुस्काते हैं वहां और अकेले हम रोते हैं ,
कैसे हैं हम यारों जो हमारे दिल राहों में धरे हुए हैं ।
सपनों में हमने गुलदस्ते बहुत सजाए यारों,
पर सारे स्वप्न कलयुगी रावण के द्वारा हरे हुए हैं ।
कई बार अकेले कोने में बैठकर खूब मैं रोया ,
जब देखा कि सारे कर्म हमारे द्वारा ही करे हुए हैं ।
बहुत बार उनकी याद में मैंने खुद को खूब खंगाला,
तब पाया कि हम खुद ही तो कालिख से भरे हुए हैं ।
जब तन्हां ही रहना था अनिल तो दिल ही क्यों लगाया ,
वो है हमारे करीब और हम यहां खुद से ही परे हुए हैं ।

56. कैसे भूलूं यार तुम्हें ?

कैसे भूलूं यार तुम्हें ?
मैं न नफ़रत कर सकता हूं न ही प्यार तुम्हें ।
ये मेरी गलती थी जो समझा था घरवार तुम्हें ।
तुम रिश्तों को न समझ सके , चट चट करके तोड़ दिया ,
ये मेरी गलती थी जो सौंपा था रिश्तों का व्यापार तुम्हें ।
न हमने तुमको जाना , न ही तुम हमको समझ सके ,
मैं रोऊँ और तुम हंसों यह दिया किसने अधिकार तुम्हें ।
तुम जज़्बातों को मेरे ,धन दौलत से तौल गए ,
ये मेरी गलती थी जो समझा था सच्ची सरकार तुम्हें ।
तुम निकले रीती नदी और उसमें भी सूखा पत्थर ,
ये मेरी गलती थी जो समझा बहती रसधार तुम्हें ।
तुम अपने न तो हो पाए न ही हुए पराये ,
अब तुम्हीं बताओ क्या समझूं गैर या परिवार तुम्हें ।
अपनों को ठुकराकर तुम दुनिया को गले लगाने चले
,अनिल
पर मैं कहता हूं कभी न अपना समझेगा ये संसार तुम्हें ।

57. हम तुम्हारा गीत सुनेंगे

जलजले उठते रहेंगे , रास्ते रुकते रहेंगे ;
हमें मगर न रोक सकेंगे यार ।
आग दिलों में जलती रहेगी , फिजाएं सदा बदलतीं रहेंगी ;
हम मगर न बदल सकेंगे यार ।
जब भी कोई रोता होगा , सारा ये जहां सोता होगा ;
हम मगर न सो सकेंगे यार ।
जब तुम्हें कोई तोड़ देगा , नफरतों में छोड़ देगा ;
हम मगर न छोड़ सकेंगे यार ।
महफिलें सूनी जब होंगी , वेदनाएं दूनी तब होंगी ;
हम मगर तुम्हारा गीत सुनेंगे यार ।
जब तुम खुद से हारोगे , खुद को ही मारोगे ;
हम मगर तुम्हें न मरने देंगे यार ।
जब फूल कांटे चुभाएंगे , हम अपने वादे निभाएंगे ;
हम कभी तुम्हें न भूल सकेंगे यार ।
जब सब तुम्हें ठुकराएंगे , तब हम तुम्हे अपनाएंगे ;
हम अनिल तुम्हे तन्हां न होने देंगे यार ।

58. हम बीते कल हुए हैं

तुम बन गए आज और हम बीते कल हुए हैं ।
तुम मीठे मेवे बने और हम कड़वे फल हुए हैं ।
तुम दिल की सुनकर सफल ,
और हम दिल की सुनकर असफल हुए हैं ।
तुम्हारी आंखें रो रो कर जम गईं ,
अश्क हमारे पावन गंगाजल हुए हैं ।
तुम मुस्कुराहट के दो पल बने ,
और हम ज़िंदगी के सहमे से पल हुए हैं ।
तुम उलझे पर्सनैलिटी के चक्कर में ,
और हम जरुरत से ज्यादा सरल हुए हैं ।
तुम्हारी फितरतें नदी की धार हुई ,
और हम सिर्फ सूखे शाहिल हुए हैं ।
तुम्हारे अरमां बने राजहंस ,
और हम सिर कटकर जीने वाले खटमल हुए हैं ।
तुम हरे हरे मैदान बने अनिल
और हम गहरे दलदल हुए हैं ।

59. यार छल ही गया

जो मिला था मन्नतों से वो कल ही गया ।
मेरे जीवन का सूरज तो अब ढल ही गया ।
लाशों पे चलके चुनते हैं बिखरे मोती ,
बेरहमी देखकर जमाने की मैं तो पिघल ही गया ।
ये मुस्कुराया जरा दो पल ही तो था ,
ये जमाना तो मुझसे जल ही गया ।
मैं उठा तो दिलों में शूल उठने लगे ,
नूर मेरा तो मुझसे मचल ही गया ।
मैंने देखी तेरी खस्लत गिरगिट की तरह ,
तेरा ख्वाब तो दिल से निकल ही गया ।
तूने मारी जो ठोकर , गिराया मुझे
याद आया तभी मेरा यार तो अब बदल ही गया ।
उससे मिलकर जो सपने सजाने लगा था ,
याद आया , वो मुस्कुराकर हमें तो यार छल ही गया ।
होश आया मुझे , दिल से निकालूं तुझे ,
और बता दूं अब अनिल , तो संभल ही गया ।

60. लोग हम पे हंसने लगे

हम गिरे तो लोग हम पे हंसने लगे ।
हम संभलकर उठे तो ताने कसने लगे ।
हम उठकर चले दो कदम ही तो थे ,
सांप बनकर लोग हमको तो डंसने लगे ।
हमने देखा वो अपने ही थे जो कुचलते रहे ,
तो अश्क आंखों से मेरे थे रिसने लगे ।
हमने हिम्मत दिखाई उनसे दूर हुए ,
हम दूर सारे जहां से थे बसने लगे ।
वो घिर आए वहां काले बादलों की तरह ,
फिर मिलकर थे हम पे बरसने लगे ।
उन्होंने जुल्म भी ढाए जुदा भी किया ,
फिर वो हमको जमीं पर ही घिसने लगे ।
हौसला जो मिला उनकी मुस्कान से ,
तो हम जमाने की आग में थे झुलसने लगे ।
अनिल , जमाने से आखिर फतह न मिली ,
हम एक दूजे को आखिर तरसने लगे ।

61. खुद को छलते क्यों हो ?

आग में झुलसते क्यों हो ?

इस तरह जलते क्यों हो ?

जरा चैन में दो पल पलकर तो देखो,

क्यों स्वार्थ के लिए इस तरह मचलते क्यों ?

तेरे कर्मों का फल तो है तुझको मिला ,

जो मिला है अब उसपे हाथ मलते क्यों हो ?

कांटे मिले , प्यारे पुष्पों की जगह ,

जब नहीं झेल पाते तो चलते क्यों हो ?

जब नहीं कोई अपना इस जग में है तेरा ,

तो धोखा अपनों से पाकर आंख मलते क्यों हो ?

न ही लाया था कुछ तू न ही ले जाएगा ,

तो फिर दुनिया के पीछे खुद को छलते क्यों हो ?

आबाद करो इंसा को इस जहां में ,

जब इंसा में खुदा है तो पत्थरों से रोज तुम मिलते क्यों हो ?

अंधा है जमाना , अंधे हो तुम भी अनिल ,

जमाने के संग तुम खुद का कफ़न सिलते क्यों हो ?

62. सब अपने ही नवाब हैं

ज़िंदगी हमारी एक खाली किताब है ।
ढेर सारी बेपरवाहियों का ऊंचा खिताब है ।
कभी बुरा है जमाना , कभी बुरे हैं जमाने को,
हमारी ज़िन्दगी का डूब चुका अफताब है ।
कभी आंखों में अंधेरे हैं तो अंधेरों में आंखें हैं ,
क्या करे जनाब अभी तक न खिला मेहताब है ।
दिन में भी नशा है , रात में भी नशा है ,
हमारी ज़िन्दगी बहुत ही नशीली शराब है ।
कभी मौसम सुहाना है ,कभी हम सुहाने हैं मौसम को ,
नफ़रत में ये तो बहुत ही खराब है ।
प्रश्नों में ज़िंदगी है ,ज़िंदगी में प्रश्न हैं ,
ये प्रश्न हैं ऐसे न इनका कोई जवाब है ।
जमाना है फकीराना तो कभी हम फकीर है ,
नहीं कोई यहां किसी का, सब अपने ही नवाब हैं ।
कभी मस्त है हम अनिल , तो कभी जमाना मस्त है ,
कभी सब बेताब है तो कभी हम बेताब हैं ।

63. मैं भारत हूं

मैं सत्य , अहिंसा और ऋचाओं की बनी इमारत हूं ।
अमर असंख्यक बलिदानों की बहुत पुरानी इबारत हूं ।
कृष्ण की बंशी की धुन गूंजी है मेरे मन में ,
हर दर्द को समेटा है मैंने क्यों कि मैं भारत हूं ।
बच्चों की होली में रंग मन पर भी और तन पर भी है ,
क्योंकि मैं नन्हे मुन्हे फूलों की महकी शरारत हूं ।
हमारे तन पर भी यौवन है यौवन है मन पर ,
क्यों कि मैं इठलाते यौवन की भोली सी सूरत हूं ।
हमारे कल में भी सोना था और कल में भी सोना है ,
क्यों कि मैं फितरत ए फकीरी की शोहरत हूं ।
किसी के तन पर तिरंगा हैं तिरंगा है मन पर ,
क्योंकि मैं हरदम खूबसूरत तिरंगे में रत हूं ।
यहां रंगों से रंगा है हर दिन , सांझ सवेरा
क्योंकि रंग मेरी मैं रंगों की जरूरत हूं ।
सौ रंग भरे दिल में मेरे साहिब
क्योंकि मैं हंसती खिलखिलाती प्यारी सी मूरत हूं ।

64. मेहरबान हो गए

हम तो दिलो जान से उन पे कुर्बान हो गए ।
वो मुस्कुरा के हम पे मेहरबान हो गए ।
हम उनकी याद में रोए हैं न सोए रात भर,
वो बेजुवां अश्कों का गुमान हो गए ।
जब वो मिले हमसे तो चिल्लाए जोर से ,
कि क्यों हम उनकी याद में शमशान हो गए ।
उनके अल्फ़ाज़ मेरे दिलो दिमाग पे लगे ,
और शब्द उनके मेरे फरमान हो गए ।
हमको यकीं था उन पर उनको यकीं था हम पर ,
वो बन गए पंडित और हम उनके जजमान हो गए ।
समय का चक्र घूमा दुनिया ने उनको चूमा ,
हम रह गए जमीं पर वो ऊंचे कीर्तिमान हो गए ।
खस्लत भी उनकी बदली फितरत भी उनकी बदली ,
वो समझने लगे कि वो शक्तिमान हो गए ।
मैं मैं में थे वो डूबे अपनों से थे वो ऊबे ,
ऐसी लागी ठोकर कि वो बेजान हो गए ।
हम ज़िंदा रहे अरमानों में अनिल ,
वो जाके जहन्नुम में खुदा के मेहमान हो गए .

65. कुछ कर दिखाओ

अब तो यारों कुछ कर दिखाओ तो सही ।
फिर से कुछ कहीं कर दिखाओ तो सही ।।
हार हार आंखें थक चुकी है सब की ,
आंसुओं की धारा जम चुकी है कब की ,
चार खानों में ताकत बंट चुकी है रब की ,
हार हर आंखें थक चुकी हैं सब की,
तुम उन्हें जीत का एहसास दिलाओ तो सही ।
अब तो यारों कुछ कर दिखाओ तो सही ।।
बेचैन है फलक बेचैन ये जमीं है ,
हर आंख में क्यों आज नमी ही नमी है ,
सहमी है हर आंख और सहमा आदमी है ,
देखो जहां में कमी ही कमी है ,
तुम इस कमी को मिटाओ तो सही ।
अब तो यारों कुछ कर दिखाओ तो सही ।।
कश्मीर जल रहा है आसाम जल रहा है ,
देखिए जनाब गौर से आवाम जल रहा है ,
प्यार की वादियों में आतंक पल रहा है ,
खुद भाई हमारा हमें ही छल रहा है ,
उसे तुम कुछ सबक सिखाओ तो सही ।
अब तो यारों कुछ कर दिखाओ तो सही ।।
देशभक्ति की यारों अब सूनी गली है ,
नफ़रत की बयार हर जगह अब चली है ,

अमन प्यार की अब सूखी कली है ,
बेटी जो देवी थी अब हवस में जली है ,
हर बेटी को देवी फिर बनाओ तो सही ।
अब तो यारों कुछ कर दिखाओ तो सही ।।
अंधों का राज है ,
उल्टे सब काज हैं ,
तोड़ दिए साज हैं ,
दबा दी आवाज़ है ,
तुम मिलकर आवाज़ उठाओ तो सही ।
अब तो यारों कुछ कर दिखाओ तो सही ।।
यहां बहारें बंजर होने लगी हैं ,
खूबसूरत मंजर खोने लगी हैं ,
स्वर में बजते बजते झंझरे भी रोने लगी हैं ,
आए दिन हमारी मुलाकातें खंजरों से होने लगी हैं ,
इन खंजरों को तुम फूल बनाओ तो सही ।
अब तो यारों कुछ कर दिखाओ तो सही ।।
गांव भी धुला है शहर की बरसात में ,
नजर न आता कोई अंधेरी रात में ,
स्वार्थ छुपा है हर एक मुलाकात में ,
रही न वो बात अब किसी की बात में ,
तुम वो बात बात में लाओ तो सही ।
अब तो यारों कुछ कर दिखाओ तो सही ।।

कदम अपना आगे बढ़ाओ तो सही ।
थाम हाथ गिरते का उठाओ तो सही ।
वो हंसी नज़ारा फिर से दिखाओ तो सही ।
प्यार का वो नगमा फिर गुनगुनाओ तो सही ।

हार का वो सदमा भुलाओ तो सही ।
मंज़िल है एक अपनी एक रास्ता है ,
पीछे न मुड़ना तुम्हें रब दा वास्ता है ,
इस मंज़िल के लिए मजमा जुटाओ तो सही ।
यारों अब तो कुछ कर दिखाओ तो सही ।।

66. अनजान मत बनो

तुम नव शक्ति हो , नया खून हो , नया नाम हो ।
हर एक दुख दर्द सितम की अंतिम शाम हो ।।
धिक्कार है तुमको फिर क्यों इस तरह बेनाम हो ।।।
खुद की शक्ति को पहचानो अनजान मत बनो ,
शक्ति होते हुए भी हनुमान मत बनो ,
चुप रहकर खुद का ही श्मशान मत बनो ,
बता दो दुनिया को कि
तुम्हीं खुशियों का जाम हो ।
तुम नव शक्ति हो , नया खून हो , नया नाम हो ।।
तुम इतिहास को भी बदल सकते हो ,
चाहो तो पत्थर मसल सकते हो ,
तूफानों में बेखौफ चल सकते हो ,
तो फिर टूटी हुई तान मत बनो ।
शक्ति होते हुए भी हनुमान मत बनो ।।
बता दो दुनिया को कि
तुम्हीं जीत का पैगाम हो ।
तुम नवशक्ती हो , नया खून हो, नया नाम हो ।

67. उजड़ी हुई दुआ है

जिन्दगी हमारी क्या है ?
एक उजड़ी हुई दुआ है ।
जीते हैं इस गरज में ,
कि जीवन भी एक जुआ है ।
सोचा नहीं था मैंने जो ,
जो इस बेजान जिन्दगी में हुआ है ।
हमें क्या पता था इस मोड़ पे ,
एक तरफ खाई तो दूसरी तरफ कुआ है ।
पर क्या करें साहिब हम ,
हम एक की खामोशी तो दूसरे की संकीर्णता ने हुआ है ।
हमने कोशिश की उनके खामोशी समझने की ,
तो जमाने ने कहा तू पागल है मुआ है ।
ठोकर खाई है इस ज़माने से इतनी कि ,
दिल भी मेरा अब पत्थर हुआ है ।
उड़ान और तान भी अपनी भूल चुका हूं ,
यारों तुम कह सकते हो अनिल पिंजरे में बंद सुआ है ।

68. हम तुम्हें याद आएंगे

जब जब लोग तुम्हें देखकर मुस्कुराएंगे ।
तब तब हम तुम्हें याद आएंगे ।
भूलने को तो तुम हमें भूल सकते हो ,
पर मुमकिन नहीं है ये कि हम तुम्हें भूल पाएंगे ।
यादों के झरोखों में बैठकर गीत मत गुनगुनाना ,
वरना यादों में हम तुम्हें बहुत सताएंगे ।
अच्छी तरह से जीना , खाना चैन से ,
हम भी तुम्हारी खातिर कुछ निवाले ही खाएंगे ।
मुस्कुराते रहना ताउम्र तुम मेरे यार ,
हम भी तुम्हें याद कर रोते रोते भी मुस्कुराएंगे ।
सलामत रखना खुद को और महफ़ूज़ भी ,
हम तेरे प्यार को अज़ानों में दोहराएंगे ।
धोखे से भी नफ़रत न करना मेरे वजूद से ,
वरना तुम्हें छोड़ हम मौत से ही ब्याह रचाएंगे ।
हमे तुम्हारे जाने पर ये ख्याल न था , अनिल
कि जाते ही तुम्हारे ये लोग इस कदर चिल्लायेंगे ।

69. नज़ारे खत्म होने लगे

ये फलक , ये जमीं , कुछ भी नहीं है मेरा ।
इन चिरागों से दूर एक कोना है बसेरा ।।
मकसद भी कुछ नहीं है , न मंजिल का कुछ पता है ।
क्यों रह - रह के बरसता है दिल , क्यों खुद से ही खता
है ।।
समझ नहीं आता कि कौन अपना है व कौन पराया है ।
किसने दिया सहारा और किसने गिराया है ।।
क्यों अपना ही पराया नजर आने लगा है अब ।
क्यों गिटार सुर से , चिल्लाने लगा है अब ।।
क्यों चिरागों से दूर हुए , अपनों ने नाता तोड़ लिया ।
या रब तू ही दिखा राह , मुझे तो अपनों ने अंधेरों में छोड़
दिया ।।
नज़रें जो गई मेरी नज़ारे खत्म होने लगे ।
अंधेरी रात आई तो सितारे भी खत्म होने लगे ।।
जब हसरतें नहीं है तो सपनों की बातें कैसे करे ।
जब हर आँख में नफ़रत है तो मुलाकातें कैसे करे ।।
अपनों की ठोकरों से , ग़मों में डूब गए हैं हम ।
चाहत न बची ज़िन्दगी से अनिल ऊब गए हैं हम ।।

70. जंग

जब गम के बादल गहराते हैं ।
हर शख्स को अपने याद आते हैं ।
जो आंखों में अश्कों को पैगाम न दे ,
वो रिश्ते नहीं सौदे कहलाते हैं ।
कठिन क्षणों में यार पता चलते हैं ,
दौलत शोहरत क्या ? ये तो आते जाते हैं ।
लोगों के अल्फ़ाज़ मत देख मुसाफिर
वो तो पहले भी चिल्लाते थे अब भी चिल्लाते हैं ।
जंग जनाब अपनों गैरों दोनों से है ,
पर क्या करें ! अपनों से हर बार हार जाते हैं ।
रो रो कर गुजरी है ज़िन्दगी अनिल
और लोग कहते हैं ये जनाब हमेशा मुस्कुराते हैं ।

71. अनजाने अपने

अपनों को अपना कहूं कैसे ?

जो टूट गए उन सपनों को सपनों कहूं कैसे ?

मैंने गैरों के गम पे अश्क बहाए हैं ,

अब अपने गम पे यारों तुम्हीं कहो , हसूं कैसे ?

अपने कहते हैं कि बहना है तो संग बहो ,

पर जब कश्ती को तोड़ दिया तो उनके संग बहूं कैसे ?

वो देख सफलता गैरों की दूर हुए हैं हमसे ,

अकेले बने इस दिले-सविस्ता में मैं भी तो रहूं कैसे ?

अमीरी - गरीबी चक्कर क्या ? जज्बात दोनों के होते हैं ,

बेपरवाह और बेरहमी के ये जुल्म तुम्हीं बताओ सहूं कैसे
?

असफल हुए तो यारों अपनों ने भी छोड़ दिया ,

हाथ पकड़ने वालों के अब अत्याचार सहूं कैसे ?

सपने लूटे , अपने , दिल भी टूट गए है साहिब

रहा न अपनापन अब उनमें तो उनके संग रहूं कैसे ?

अनजानी राहों पे अनजाने आंसू पोछ रहे , अनिल

अब अजीब फंसा हूं यारों कि उनको अनजाना कहूं कैसे ?

72. अश्क

अश्कों और ज़िन्दगी का गहरा नाता है ।
हरेक मुस्कुराहट के बाद अश्कों का पहरा आता है ।
खुशियों में अश्क है ;
गमों में भी अश्क है ;
खोने में अश्क है ;
पाने में अश्क है ;
आने में अश्क है ;
जाने में अश्क है ;
देखो तो यारों हर तराने में अश्क है ।
आज हर जगह पे अश्क मुस्कुराते हैं ।
कभी तन्हां रातों में तो कभी बातों में आते है ।
अश्कों की यारों ग़ज़ब ही लीला है ।
ये कभी महलों तो कभी झोपड़ियां में गाते है ।
कभी अश्क ही रुलाते हैं तो कभी अश्क ही मनाते हैं ।
यार , हम तो लोगों की मुस्कुराहटों में भी अश्क ही पाते
है ।
अश्कों का जाति धर्म से कोई वास्ता नहीं ।
जर्मी आंखों में अश्कों का कोई रास्ता नहीं ।
शुरुआत और अंत दोनों अश्कों से होता है ।
रंक हो या राजा , अपनों के लिए हर कोई रोता है ।
इस कॉम्पटीशन भरी दुनिया में अश्कों में भी कॉम्पटीशन
होता है ।

अश्क किसी की आंख में तो कोई और रोता है ।
अश्कों की बात यारों अश्कों को ही पता है ।
अश्कों को यार अश्कों से ही खता हैं ।
अश्क यारों अश्कों को ही छलते हैं ।
अश्क को देख भ्रम में अश्क मचलते है ।
तुझसे कहता हूं ओ मुसाफिर सुन ले होशो हवास में ,
कि सौदागिरी में अश्क नहीं चलते हैं ।
अनिल , रोए तो रोए किस लिए यार इस जहां में ,
उसे मालूम है वो परिंदे अब नहीं रहे मकां में ।।

और अंत में ...

रिश्तों का व्यापार मत कीजिए ।
जबरन किसी से प्यार मत कीजिए ।
खुशियों पाना है तो लड़ो उनके लिए अनिल
हाथ पे हाथ धरके उनके आने का इंतजार मत कीजिए ।

73. ख़ुशबू न मिली

खुशबू न मिली हमको यारों हम ढूंढे कली कली ।
नफ़रत की ही बू मिली मुझे हर इक गली गली ।।
हर दो गज़ पे ढूंढा तुझको भारत मां मैंने हर बार ,
मिली तेरी फोटो भी तो वो भी सहमी जली जली ।
सहमी तेरी बेटी को देखा मैंने रोते रोते
लगी तेरी खुशियां भी मुझको सन्नाटों में पली पली ।
कैसी कैसी बातें की थीं तूने कुर्सी पाने से पहले ,
रे नेता ! अब लगता है तेरी बातें हमको छली छली ।
रातों का अंधेरा घना घना हर दिन की तपन तेज है तपन
तेज है ,
जो आई थी दो पल को वो सुख की सुबह अब है ढली
ढली ।
हर हाल में पूरा करना होगा तुम्हें वो कुर्बानी का सपना ,
कर हस्ताक्षर ख़ू से फिर तू , कि तू देगा अपनी बली -
बली ।
अंधेरा बहुत घना है अनिल नवयुग जगा सवेरा कर ,
ऐसा कुछ कर जाओ यारों कि तस्वीर लागे फिर से भली
भली ।

74. सही इशारा

जो खुद ही टूट चुक है वो गैरों का सहारा कैसे होगा ?

जो लहरों में डूबा रहता है वो safe किनारा कैसे होगा ?

सुनामी मन में आए या जमीं पे आए , तबाही ही होगी ,

तबाह होने पर जो दिया इशारा वो सही इशारा कैसे होगा ?

जो कल मुझसे मिल बेख़ौफ़ हकीकत पूंछ रहा था ,

तुम कहते हो आवारा है वो , दिल कहता है अदीब आवारा कैसे होगा ?

वो बुझदिल कहता है हमसे , हर बार खफा हो जाते हो ,

हम कहते हैं जो खुद तुम्हें गवारा नहीं वो हमें गवारा कैसे होगा ?

जो ईमान धर्म की बातों पे लड़ता फिरता है गलियों में ,

खून और नफ़रत से सनी उन गलियों को सोचो हमने निहारा कैसे होगा ?

"जहर न पीने से मर जाऊंगा मैं , पगले तू प्याला मुझको दे दे "

सोचो यारों ऐसा कहने वाले को , उन पत्थरों ने मारा कैसे होगा ?

धक धक धड़कन धड़की दिल की ,सोच सोच ये मसला यार ,

जो खुद को प्यार न कर सका अनिल वो दुनिया को प्यारा कैसे होगा ?

75. सभी तो अपने हैं

जाकर भी तुम्हारे दिलों को सताऊंगा ।
सभी तो अपने हैं अब और कितना जताऊंगा ।
अश्क मत गिराना कभी मेरी मौत पे , हमदर्द साथियों ,
वरना मैय्यत में भी मैं खुद को ही दोषी पाऊंगा ।
तुमने ढाए हैं कितने जुल्म यारों क्या कहें ,
ये तो अब जाके जन्नत में ही बताऊंगा ।
ये नफ़रत प्यार ये रंजो गम सब खेल हैं सब खेल हैं ,
ज़िन्दगी का किस्सा अब फिर कभी सुनाऊंगा ।
लोग कहते हैं ज़िन्दगी में जश्न नहीं मनाया तूने ,
मेरी बात है मौत को भी जश्न की तरह मनाऊंगा ।
गर्मों अश्कों को इतना झेला हूं यारों ,
अब तो आराम से दावल को भी चाल तरह खाऊंगा ।
भूल जाना मुझे अच्छा होगा अनिल
वरना याद आऊंगा तो बहुत रुलाऊंगा ।

76. जरूरी है !!

फूल को बाग में मुरझाने की ,
भौरों को यूं ही डर जाने की ,
खुशबू को चमन महकाने की ,
जरूरत क्या है ?
कांटों की वादियों में ,
महक भी घायल है ।
पेड़ भी कायल हैं -
कांटों के पर भेदने की तरकीब से ,
पर तितलियों का दर्द छुपता नहीं ,
फूलों की आंख से झड़ता नीर रुकता नहीं ,
अदीब से ,
करीब से जानता है ,
पहचानता है , समेटता है ,
झड़ते दर्द की व्यथा !
अपनों से लुटने की कथा ।
बयां करती है -
कांटों की चमन से गद्दारी ,
दिखती है मौन फूलों की लाचारी ,
पेड़ चुप हैं , मौन हैं ?
न कांटों को छोड़ सकते हैं ।
न फूलों से नाता तोड़ सकते हैं ।
देखते रहते हैं...

सिर्फ एक की आह ! (दूसरे की दी हुई)
पहचान गायब है परों से ,
रस दूर है भौरों के अधरों से ,
व्याकुल हैं , आकुल है - हर भौरां ,
रोती है हर तितली ,
किस्मत की सीढ़ी भी देखो ,
आकर के कहां फिसली !!
फूलों की बेबसता से ,
तितली की तड़फन से ,
पेड़ों की नीरसता से - हमदर्दी है ।
अपनापन है ।
आंसू आंखों से आए ये जरूरी नहीं है ।
पर हर अदीब , शायर और कवि
कभी दर्द पे न मुस्कुराए
ये जरूरी है ।।
इस नीरस चमन में ,
इस विस्तृत गगन में ,
हर एक दर्द से अपनापन जरूरी है ।
मुस्कुराता हुआ चमन जरूरी है ।

77. हदें

हदें हमने बनाईं !!!
सरहदें हमने बनाईं !!!!!
आसमां से ऊंचा न उड़ने की हद ,
समय से आगे न चलने की हद ,
खुशबू के लिए न मचलने की हद ,
हमने बनाईं कोटि कोटि दीवारें ,
रिश्तों में ।
देखकर चकाचौंध चमक ,
परछाइयां गायब हैं ।
अकेला परिंदा कोटिर में ,
सुन्न है ।
धुन है सवार इक -
रात जाने की , सुबह पाने की ।
ढुलकते अश्कों को न रोक पाने की -
टीस है ।
टीस है -
दुनिया के कैंसरों के लिए न हदें बनाने की ।
हदें हमने अच्छाइयों के लिए बनाईं ।
हदें हमने सच्चाइयों के लिए बनाईं ।
अंधेरा असीमित है , बेहद है ।
हदें जरूरी हैं -
पर जरूरी है कि वे अवरोधक नहीं ,

पथप्रदर्शक बनें ।
कांटों के लिए हद हो ,
अंधेरे के लिए हद हो ,
रौशनी के लिए हद नहीं होनी चाहिए ।
खुशबू के लिए सरहद नहीं होनी चाहिए ।।

78. विजेता !!

रोक है , शोक से न उबर पाने की

हताश है जो,

निराश है जो ,

उससे पूछते हैं कारण हम...

(एक बार नहीं सौ बार बताएगा वह)

फिर हम कहेंगे क्यों हताश हो ?

दोहराएगा , वो निराशा का कारण

छलनी करेगा हृदय को बार बार -

अंत में, कहेंगे हम -

हमदर्दी है तुमसे ! (सिर्फ कहने के लिए ही कहेंगे)

चले जाएंगे हम , उसे अकेला छोड़ ;

(वो हमारे कंधे पे सिर रखके रोना चाहेगा ,

हम कंधे उचका देंगे)

कहेंगे हम -

हद है ! तुम क्यों रोते हो ??

हमें दर्द को झेलना चाहिए ।

आंसुओं को ठेलना चाहिए ।

उपदेश कुछ ऐसे ही जीवन दर्शन के देंगे हम ।

(बड़े बड़े विचारक भी उस समय हमसे तुच्छ प्रतीत होगें)

हम जीत लेंगे एक जंग ,

(थके - हारे - निराश - हताश से ,

निहत्थे से)

विजेता बन जाएंगे हम ।
विजेता !! विजेता !! विजेता !!!
विजेता ???? कैसे ?????
[किसी को उसके सामने ही
मारकर..........]

79. खाली पड़ा है

खाली पड़ा है घर लौट आ तू बसने वाला !
मेरा अपना ही निकला मेरे हांथो को कसने वाला ।
गम की धारा जब फूटेगी समंदर बनकर ,
कैसे रोक पायेगा उसे मेरे गम पे हंसने वाला ?
तेरी खस्लत तो आस्तीन के सांप जैसी है ,
रोएगा उस दिन तू देखकर ये , तेरा अपना ही है डंसने
वाला !
सारे मंज़र उजाडे हैं तूने ही सनम मेरे ,
किससे पूछता है तू कहां गया तेरे दिल में बसने वाला ?
उसके जाली झूठे नकली से वादों में अनिल
मैं ही मूर्ख जो बन गया खुद ही फंसने वाला ।
न ही पानी था न ही सिर्फ आंसू था वो ,
मेरे जिगर का खून था उसकी आंखों से रिसने वाला ।
ये अपनों की कृपा है ! कि सन्नाटों में रहा हूं वर्षों ,
क्यूं चुपचाप हो रहा है तू वर्षों से बरसने वाला ।
मेरी आंखों ने बसाये थे हजारों सपने ,
अब क्यूं बन गया हूं इक इक ख्वाब को तरसने वाला ।
उसके परोसे जहर को हंस हंस के मैं पीता रहा अनिल
बड़ा अजीब है मेरे मरने पे रोता है खुद जहर परसने वाला
।।

80. कद्र नहीं जानी है...

टूटता है अंदर कुछ ,
गिरता है
दर दर की ठोकरें अच्छी नहीं हैं ,
मां समान ममता की ,
देव जैसी समता की ,
बेइज्जती...
चाहे जो करे , अच्छी नहीं है ।
अपनों की भीड़ में ,
अपने को ढूंढ़ता...
मिटता है अंदर तक , जंग हारा योद्धा ,
दर्द भीतर का बाहर नहीं ,
तिरता है -
टूटता है अंदर कुछ ,
गिरता है ,
कद्र करने वालों की कद्र नहीं जानी है ;
देना दर्द अपना गैर को ,
कुचल देना गैर पैर को ,
भद्र लोगों की अभद्र निशानी है ;
अपने दर्द पे दूसरों को रुलाने का हक नहीं ,
फिर भी......
रुलाता है... क्यों ??
"कुछ तो अपना है ।"

अंदर एक झरना है ।
अश्रुपात्र अंदर ही ,
बाहर नहीं... (क्योंकि आंसू हमदर्दों को रुला देंगे ..)
झिरता है ।
टूटता है - अंदर कुछ
गिरता है !!

81. दुनिया को बना के क्या करना

गम अपना दिखा के क्या करना ।
दूजों को रुला के क्या करना ।
हम पागल थे हम पागल हैं ,
दुनिया को बना के क्या करना ।
सीधा सादा सा रिश्ता है,
बस घुन अन्न में पिसता है ,
पिसते घुन पे दुख होता है ,
हर आंख का आंसू रोता है ,
पर जो खुद पिसते हैं -
उनको बचा के क्या करना ।
दुनिया को बना के क्या करना ।
काजल बिखरा है बच्चों का ,
ईमान बिका है सच्चों का ,
यह प्रश्न हमेशा तिरता है ,
क्यों ? इंसा इतना गिरता है ,
पर जो खुद ही मर्ज़ी से गिरता है -
उसको उठा के क्या करना ।
दुनिया को बना के क्या करना ।
अब रिश्ते अधर में झूले हैं ,
हम कद्र अपनों की भूले हैं ,

फॉर्मेलिटी रह गई रिश्ते नातों में ,
घायल कर गए अपनों को बातों बातों में ,
जीवन की आपाधापी में जो रहा हो वर्षों -
उसे अपना बना के क्या करना ।
दुनिया को बना के क्या करना ।

82. संघर्ष करो

दुनिया रोकेगी पग पग पे , अवरोध मिलेंगे डग डग पे ।
जब सबकुछ तेरा खो जाएगा , बस गम ही तेरा हो पाएगा
।
ऐसे पल में - आह ! उठेगी - आह कहेगी इतना ही
संघर्ष करो - संघर्ष करो !
जीवन कहता है संघर्ष करो !
ये जग कहता है संघर्ष करो , हर पग कहता है संघर्ष करो
।
घुट घुट कर जीकर क्या करना ,
हल्के हल्के जख्मों को सींकर क्या करना ,
मरना है तो हंस हंस के मरो !
संघर्ष करो - संघर्ष करो ।
अरे भय से तू क्यों कांप रहा ,
किस अनहोनी को तू भांप रहा ,
अनहोनी होनी होती है जब भय से तुम दो चार करो -
संघर्ष करो - संघर्ष करो ।
बहुत हुआ बुझ बुझ कर जीना ,
रो रो कर आंसू को पीना ,
अब हर आंसू को अंगार करो ।
संघर्ष करो - संघर्ष करो ।
हारे का कोई नहीं होता ,
पीठ दिखानेवाले पे कोई नहीं रोता ,

हर हार पे खुद को तैयार करो ।

संघर्ष करो - संघर्ष करो ।

गिर गिर कर उठकर चलना है ,

सीने पे लोहा दलना है ,

जीवन के लोहों पे हर्ष करो ।

संघर्ष करो - संघर्ष करो ।

घावों से डरता है कौन ?

हारों से डरता है कौन ?

ऐसा उद्गार करो दिल से , अब न तुम हारों से डरो ।

संघर्ष करो - संघर्ष करो ।

संघर्ष तुम्हारा जीवन है ,

उत्कर्ष तुम्हारा जीवन है ,

तुम अपकर्षों से नहीं डरो ।

संघर्ष करो - संघर्ष करो ।

जड़ता मृतता की निशानी है ,

चलना ही जीवन पानी है ,

हर मंज़िल तेरी होगी ही बस तुम खुद पे ऐतबार करो ।

संघर्ष करो - संघर्ष करो ।

और अंत में...

वक्त की दहलीज पे जो न कभी डगमगाए ।

दुनियावी ठंड में जो न कभी कंपकंपाए ।

जिसका उबलता खून हो , जोश हो , जुनून हो ,

बन जाओ तुम एक ऐसा योद्धा तूफां में न जो सर झुकाए

।

83. हिसाब कौन देगा ??

बच्चों के खून का ,
उस जानवरी जुनून का ,
फिर भी शैतानों को सुकून का हक किसने दिया ?
हिसाब कौन देगा ?
हरेक आह का...
किस्मत ए सियाह का...
हरेक चीत्कार का______
उस भीषण क्रंदन और पुकार का_ _ _
हिसाब कौन देगा ? ....
होते हरेक क़त्ल का ,
जानवरों के अंधे अनुराग का ××××××
हमेशा के लिए बुझते चिराग़ का ×...
मांओं के कलेजे के चुप होते राग का ~~~×
हिसाब कौन देगा ?...
उन निर्मम वारों का .
सहमी और चुप होती इंसानियत की हारों का ....
गोलियों में गूंजती उन चीत्कारों का ...
हिसाब कौन देगा ??
खून हुआ ! खून हुआ !
खून !! खून !! खून हुआ !!!
किताबों में शेष है पढ़ने वालों का खून !!!!
शब्द कराहता है खून देख अपने का ।

दीवारें , मौन.. सबूत बन गईं उस दर्दनाक सपने का ।
क़त्ल हुआ ! क़त्ल हुआ !
फूलों का क़त्ल हुआ !
झूलों का क़त्ल हुआ !
क़त्ल हुआ दिल का इस ,
लगता है कुछ गलत हुआ ,। बहुत कुछ गलत हुआ....
क्योंकि इंसानियत का क़त्ल हुआ ।
इन क़त्लों का हिसाब कौन देगा ?
फिर से वो किलकारियां , शरारतें ,
अटखेलियां , प्यारी सी सूरतें , भोलापन,
सच्चापन , अपनापन , बच्चापन ,
ज़िन्दगी का वो शबाब फिर कौन देगा ?
बच्चों के खून का , जानवरी जुनून का ,
हिसाब कौन देगा ???

(पेशावर हमले में मारे गए उन मासूमों को समर्पित और
श्रृद्धांजलि स्वरूप अर्पित ।
और खुली ललकार उन हैवानियत के कारिंदों को -
" कि गर ताकत है तो खुले मैदान में आके तो देखें !
या दिल थोड़ा सा भी है तो अपनों के श्मशान में जाके तो
देखें !! ")

84. बहिन

भाई - बहिन
इक प्यारा सा रिश्ता ,
होठों पे दुआ - भाई के लिए ,
खिलखिलाहट तेरी ,
भाई को शक्ति देती है ।
कपाल की कुंचित रेखाएं ,
नर्म आंखों में अश्क ,
भाई की आंखों में नमी देती हैं ।
अहसास जुदा होने का , या खोने का ,
दिल की धड़कनों में कमी देती हैं ।
राखी के लच्छों में चमकती तस्वीर तेरी ,
प्यार के अटूट तार से - रक्षित है ज़िन्दगी मेरी ,
सावन में , बाट जोहती आंख तेरी ,
बड़ी है तो भाई के लिए मां है -
संग की हुई तो बहिन दोस्त यार है ।
छोटी हुई तो भाई की प्यारी सी पाखी है ,
पीहू है , उसके दिल की आस्था है ,
दुखों की मोहनी है , मुस्कान है ,
सच्चाइयों की अदीबा है , गुनगुन है हंसी की ,
संक्षिप्त में कहा जाए
तो एकता है इन सब की खुशबू की !!
बहिन की दुआओं के बिना ये रहीशी भी गरीब लगती है ।

राखी के बिना कलाई भी कितनी अजीब लगती है ।
मां और यार के रूप में बहिन तू दिल को सबसे करीब
लगती है ।
बाकी दुनिया तो क्या अनिल अब फरेब लगती है ।

कुछ मुक्तक भी ....

मनमोहनी बातें उसकी शरारतें पाखी बनी हैं ।
रेशे रेशे प्रेम से मिलकर तो ही राखी बनी है ।
तोतली बोली में दैय्या दैय्या तह लही है ओ ,
मुस्कुराहट उसकी भाई की बैसाखी बनी है ।
प्रेम के छोटे से रेशे के आगे शहंशाह भी झुके हैं ।
स्नेह के ये पवित्र सोते आखिर कब रुके हैं ।

मुक्तक

1.

कभी सच तो कभी झूठ बोलते हैं ये लोग ।

नमूने हैं मगर नमूनों को नमूनों से तौलते हैं ये लोग ।

टकराते हैं , टकराकर मिट जाते हैं !

इक दूजे को परस्पर उकसाते हैं !

आए दिन सड़कों पर इंसानियत की नीलामी कराते हैं ये लोग ।

2.

ज़िन्दगी गणित सी उलझ चुकी है ।

चिराग की लौ अब बुझ चुकी है ।

अंधी हो चुकी हो दुनिया मगर

पर धागे की गांठ अब सुलझ चुकी है ।

3.

दुनिया मजार बने तो हमें क्या ।

नसीब गुलज़ार बने तो हमें क्या ।

कांटे फूल बने तो क्या हमारा ,अनिल

अश्क बहार बने तो हमें क्या ।

4.

जहां में खुशियों की बौछार चाहिए ।

देश हो खुशहाल वहां ठौर चाहिए ।

कुछ खोने पर भी अगर खुशियां मिलें ,

तो हमें वह खुशियां बतौर चाहिए ।

5.

आसमां को छूने का इरादा है ।
बहुत कुछ करने का वादा है ।
हम कितना भी दिखावा क्यों न करें,
पर दिल तो हमारा सादा है ।

6.

आशियाना मिटा दो हमारा हमें कोई ग़म नहीं ।
लूट लो सबकुछ हमारा तो आंखें नम नहीं ।
परन्तु अगर वतन को ललकार दी तो
उसे सहन कर सकें वो बंदे हम नहीं ।

7.

सड़कों पर बिकता जमीर देखता हूं ।
दीपक बुझाता समीर देखता हूं ।
टुकड़ों में बिखरी है भारत की तकदीर ,
रोती हुई भारत मां की तस्वीर देखता हूं ।

8.

पगडंडियों पर लिखी मेरी आयातें होंगी ।
सड़कों पे गुजरी वो रातें होंगी ।
जब हम न रहेंगे इस दुनिया में , मगर
लोगों की जुबां पे मेरी बातें होंगी ।

9.

गुज़रे हुए जमाने से पूछ लेना मेरी मुरादें कहां पर हैं ।

उस हंसी मौला से पूछ लेना मेरी फरियादें कहां पर हैं ।

रोना भी मुनासिब नहीं उनको मेरे जनाजे में तो ,

उस दुनिया से पूछ लेना मेरी यादें कहां पर हैं ।

10.

मुझे नहीं लगता तेरी आंख से कोई आंसू गिरा होगा ।

आसमां से कोई दर्द का कतरा गिरा होगा ।

जिनसे मिलकर यूं ही भुला दिया तुमने

मुझे नहीं लगता वो कोई तेरा अपना मिला होगा ।

वो सालों भटकता रहा तेरी याद में ओ खुदा

उसे पता न था शायद उसकी यारी का ये सिला होगा ।

तुम निभा न सके उसकी यारी को मेरे यार ,

बस अनिल की जुबां पर तुमसे यही गिला होगा ।

11.

हमसे गिरने की किसी को ख्वाहिश न थी ।

नक्सलवाद की ये बीमारी पैदाइश न थी ।

खुद अपने ही निगल गए उनके अरमानों को ,

फिर मंच से कहते हैं "उनकी कोई फरमाइश न थी "!

12.

अश्क हमारे आंखों से बाहर आते नहीं थे ।

हम यूं ही मुस्कुराते नहीं थे ।
आज है जो हाल ज़िन्दगी का ,
वो भी भूल गए हमें , जिन्हें हम भुलाते नहीं थे ।

13.

रुलाकर चल दिए फिर पूछा रुलाया किसने ?

जहर का जाम दिया फिर पूछा पिलाया किसने ?

उन्हें फरहत मिली मेरी मौत में , तो आज खुश हैं

वो पर भूल गए कि फरहत से मिलाया किसने ?

14.

क्यों ये हवाएं रुख मोड़ रही हैं ज़िन्दगी से ।

क्यों ये घटाएं नाता तोड़ रही हैं ज़िन्दगी से ।

ऐ तड़ित गर गिरना है तो मेरे ऊपर गिर ,

क्यों ये बूंदे मुंह मोड़ रही हैं ज़िन्दगी से ।

15.

कितनी प्यारी , भोली भाली मेरी बहना है ।

तू मेरी आंखों का चहेता गहना है ।

तू रहे हर हाल में सलामत मेरी बहिन

बस उस खुदा से इतना ही कहना है ।

16.

चित्र हमारे बिगड़े हैं ।

सविस्ते हमारे उजड़े हैं ।

ऊंचाइयों की हम क्या बात करें ,
हम गहराइयों में गड़े हुए हैं ।

17.

भले अरमान हमारे बिखर गए ।
पस्त हौसले निखर गए ।
हम अपने घर को जाएंगे ,
सुनसान हमारे सफर गए ।

18.

तकदीर हमारी रूठी है ।
लकीर हमारी छूटी है ।
सपनों की हम क्या बात करें ,
तस्वीर हमारी टूटी है ।

19.

इस दुनिया की वादियां ऐसी हैं जहां
दर्द से नहीं दर्द के आभास से डर लगता है ।
मधुमक्खी से नहीं मधुमास से डर लगता है ।
मैं तो हूं ऐसे जमाने में अनिल
जहां कृष्ण से नहीं महाराजा से डर लगता है ।

20.

तुम भूलकर भी मेरी मौत का ग़म मत करना ।
इन ख़ूबसूरत सी आंखों को कभी नम मत करना ।

ये आंखें ऊंचे इरादे और सपनों के लिए हैं ,
अपने इन इरादों और सपनों को कभी कम मत करना ।

21.
हमारी वीरता इतिहास के पन्नों ने गाई है ।
कहीं भगत की तो कहीं गरज आजाद की आई है ।
कई दीवाने लुट गए सिर्फ इसी देश की खातिर,
इसी तिरंगे की खातिर गोली सीने पे खाई है ।

22.
उड़ती हुई तितलियों के पर काटे जाते हैं ।
ताज बनाने वालों के भी कर काटे जाते हैं ।
अपनों को खोने का दर्द सभी को है ,
पर दूजों के गम पर खुशी के लड्डू बांटे जाते हैं ।

23.
इन सहमी सहमी आंखों पर झड़ते अश्कों का पहरा है ।
लब चाहे खामोश रहें पर ज़ख्म बहुत ही गहरा है ।
लाख कोशिश करने पर तुम वो सौहार्द न पाओगे ,
व्याप्त हुआ है आपस में नफ़रत का घना जो कोहरा है ।

24.
लाखों वीर शहीद हुए जिस गुलिस्ते की खातिर ,
उसपे समर्पित होने की अब बारी तुम्हारी है ।
इस गुलिस्तां को तुम सींचों खून पसीने से

इसमें बहारें लाने की जिम्मेदारी तुम्हारी है ।

25.

लाला लाजपत की लाठियों से मौत , भगतसिंह फांसी पर झूले ।
इसी तिरंगे की खातिर , गोली खाकर आजाद भी थे गर्व से फूले ।
जिस मां ने मातृभूमि पर मरना तुम्हें सिखाया ,
उसी की जय जय बोल तू चल आसमान को छू ले ।

26.

अरे बीती बातों को लेकर हमें कितना मारोगे ।
ये आखिर पुराना गुस्सा कब तक उतारोगे ।
वैसे ही हम पल पल मर रहे हैं आखिर दोस्त हो ,
उजाड़ के तकदीर को मुझे कैसे संवारोगे |

27.

मेरे साथ अब वो वाहवाही न रही ।
मेरी कलम में खुदगर्ज़ी की वो स्याही न रही ।
मेरा उजड़ा चमन देखकर चले गए मेरे ही लोग देखो ,
मेरे शहर की सड़कों पे अब वो आवाजाही न रही ।

28.

क्यूं ऊंच नींच का दानव हमको रौंदता रहता है ।
क्यूं नफ़रत का तांडव दिल में कौंधता रहता है ।।

क्यूं नरम घास को बेरहमी से कुचला जाता है ।
क्यूं नन्हें नन्हें फूलों को बेदर्दी से फेका जाता है ।।

#thoughtful_anil©
#written_in_2009_to_2013
#written_in_School_life